RENARD & COMPAGNIE, FABLES DU TEMPS PRÉSENT

Édition augmentée et illustrée

Du même auteur

En collaboration avec Vincent Lissonnet, sous le pseudonyme de ROBERT VINCENT

Clou d'éclat à Étretat, éditions C. Corlet, 2007
Yport épique, éditions C. Corlet, 2008
Un Havre de paix éternelle, éditions C. Corlet, 2010
Les Dames mortes, éditions C. Corlet, 2010
La Mort monte en Seine, éditions C. Corlet, 2011
La Main noire, éditions Ravet-Anceau, 2013
Satanic baby !, éditions Ravet-Anceau, 2015
Le Baiser du canon, éditions Cogito, 2016, Prix Rouen Conquérant 2017.
Ici reposait... Meurtre au Monumental, édition des Falaises, 2019

Avec des illustrations de MARTIN BAFOIL

Un Havre de paix éternelle, édition revue et illustrée, BoD, 2017
Clou d'éclat à Étretat, édition revue et illustrée, BoD, 2018

Sous le pseudonyme de ROBERT-MARC OLÈS, illustrations de MARTIN BAFOIL

La Baguette de Circé, nouvelle, kindle édition, 2016
Passages, nouvelle, kindle édition, 2016

CHRISTIAN ROBERT

RENARD & COMPAGNIE, FABLES DU TEMPS PRÉSENT

Préface de Pierre Thiry

Illustrations originales
de
Martin Bafoil,
Rodolphe Guerra,
Vincent Lissonnet,
Christian Robert

BOD-BOOKS ON DEMAND
ww.bod.fr

A Annie et à Joséphine,
née le 21 juin 2020

© Christian ROBERT
Éditeur : BoD-Books on Demand,
12/14 rond point des Champs Elysées,
75008 Paris, France
www.bod.fr
Impression: BoD–Books on Demand, Allemagne
ISBN: 9782322223930
Dépôt légal : septembre 2020

PRÉFACE

À l'époque où l'urbanité envahit de ses brouillards les espaces les plus incertains de nos vies contemporaines, on pourrait être tenté de penser que nous vivons au temps de l'affable.

J'aurais tendance à penser que nous en sommes plutôt au temps de la fable. Je veux dire que les fables sont d'une lecture indispensable dans notre « monde d'après ». « Monde d'après » ? Oui, le monde d'après Soixante-Huit. Je parle de mille six cent soixante huit, bien sûr, l'année de la publication chez Claude Barbin, au Palais sur le perron de la Sainte-Chapelle du livre premier des fables choisies de Jean de La Fontaine. C'est la raison pour laquelle j'ai accepté avec joie de préfacer ce *Renard & compagnie, Fables du temps présent*.

À toutes celles et ceux qui s'assoupissent, assommés par les potions des marchands de sables, on ne peut que conseiller de se réveiller joyeusement en profitant des réflexions des marchands de fables.

Dans son dictionnaire Antoine Furetière définissait ce genre littéraire comme étant « *Fiction d'un entretien de deux ou de plusieurs animaux, ou de choses inanimées, d'où on tire quelque moralité ou plaisanterie. Il y a de belles moralités dans les Fables d'Ésope, de Phèdre, etc. [...] on n'ose parler aux Princes d'Orient[1] de leurs défauts que sous le voile de quelques Fables, comme on apprend par celles de l'Indien Pilpay[2].* »[3] Quelques années plus tôt dans un recueil de fables morales publiées en 1671, il précisait : « *Certes, il n'y a personne qui ait fait, aux Fables des anciens, tant d'honneur que monsieur de La Fontaine, par la nouvelle et excellente traduction qu'il en a faite : dont le style naïf et marotique est tout à fait inimitable, et ajoute de grandes beautés aux originaux. La France lui doit encore cette obligation, d'avoir non-seulement choisi les meilleures fables d'Ésope et de Phèdre, mais encore d'avoir*

---

[1] Les Princes d'Occident sont, bien entendu, aussi concernés que les Princes d'Orient, je le précise pour ceux qui oublieraient d'apercevoir la métaphore sous le sens littéral.

[2] Pilpay fait partie avec Ésope et Phèdre des auteurs que Jean de La Fontaine a glorieusement réutilisés dans ses fables.

[3] Antoine Furetière, *Dictionnaire universel contenant généralement tous les mots françois tant vieux que modernes* (1690).

recueilli celles qui étaient éparses. »[4]

Les vingt-et-une fables réunies ici démontrent que ces définitions de Furetière sont toujours actuelles.

La Fontaine domine encore aujourd'hui à un point tel cet art littéraire que l'opinion (si bavarde sur nos écrans) se passionne à son sujet encore aujourd'hui :

« *Hélas ! où s'enlise la fable ! pauvre fable*

« *Nageant dans sa fontaine envahie par le sable ?* »

Il paraît, selon une rumeur non vérifiable, que cette plainte déchirante inonderait les réseaux sociaux dans un instructif encadré assurant que ces deux alexandrins seraient extraits de l'Art Poétique de Boileau, le Boileau de Boileau-Narcejac[5] bien sûr, (ce célèbre tandem de producteurs de fables : *Les Louves*, *Les Magiciennes*, *L'ingénieur qui aimait trop les chiffres*, on ne va pas les citer toutes dans cette préface).

---

[4] Antoine Furetière, *Fables morales et nouvelles publiées à Paris chez Louis Billaine au second Pilier de la grand'sale (sic) du Palais, au grand César*. Ces fables publiées trois ans après celles de La Fontaine en sont très proches par l'esprit. Quelques années plus tard Furetière se fâchera avec La Fontaine mais il est bon de ne pas oublier qu'auparavant il l'avait admiré.

[5] Il est parfois permis de douter de l'attribution des citations littéraires qui courent sur les réseaux sociaux. Personnellement j'attribuerais plutôt ces vers à Nicolas Boileau dit « Boileau-Despréaux » (1636-1711).

Cette plainte (qu'elle soit authentique ou falsifiée) traduit un bel état d'esprit, le symptôme d'une soif de lecture et d'un désir de fables.

Cet état d'esprit, cette soif, vont assurément être comblés par le recueil que vous avez entre les mains. Et c'est heureux car ces fables ici réunies sont signées Robert. Je veux parler bien entendu du véritable Robert : Christian Robert, celui qui avec Vincent Lissonnet a inventé Robert Vincent, ce pseudonyme qui dissimule (ou plutôt révèle) l'un des plus fabuleux duos d'auteurs quadrumanes de romans policiers normands : *Clou d'éclat à Étretat*, *Le Baiser du canon*, *Ici reposait... meurtre au monumental*, et bien d'autres encore... (J'aimerais les citer tous mais cette énumération sortirait de l'objet de cette préface). Revenons donc à notre objet, ce sympathique et surprenant ouvrage dans lequel Christian Robert réussit à faire avec La Fontaine, ce que La Fontaine faisait avec Pilpay, Phèdre, Ésope et les autres...

Les vingt-et-une fables ici rassemblées[6] coulent en cascade d'une belle eau claire et pétillante avec ce grain de sable

---

6   La présente édition en compte désormais vingt-trois. (Note de l'auteur).

placé juste où il faut pour donner l'ivresse idoine au lecteur assoiffé. Non pas un vulgaire tas de gravillon mais de distingués et facétieux grains de sable[7] qui dérèglent l'engrenage pour faire rebondir l'esprit. Ces textes sont bien sûr un petit peu imités des fables de Jean de La Fontaine (1621-1695). Est-ce parce que Christian Robert a tenu à publier un livre qui invite à célébrer le quatre centième anniversaire de la naissance du célèbre fabuliste en juillet 2021 ?

Nul n'échappe à l'actualité.

Les textes de ce livre sont datés : du 10 Avril 2020 au 1er Juin 2020.

Notons qu'une de ces fables (particulièrement réussie dans son genre et intitulée : Le « Bœuf qui voulut devenir ballerine ») a été rédigée le 14 Avril 2020 pour le 325e anniversaire de la disparition de Jean de La Fontaine (14 Avril 1695). Ne serait-ce que pour cette « ballerine des 325 ans » ce *Renard & compagnie, Fables du temps présent* mérite d'être à une place d'honneur dans toutes les bibliothèques.

Le « jeu d'écriture » qui consiste à re-

---

[7] Aux esprits grincheux prêts à se plaindre de tout, y compris d'une trop grande abondance de sable dans une préface, je signale que Jean de La Fontaine a vécu heureux et prospère auprès de Madame de la Sablière et que, sans elle, nous serions privés de bien des chefs-d'œuvre.

visiter les fables de La Fontaine est presque une case à explorer obligatoirement dans un parcours d'écriture (je m'y suis risqué moi-même dans *Ramsès au pays des points-virgules* publié chez BoD en 2009). Christian Robert a trouvé ici une inimitable manière de le faire. Ces fables fourmillent de trouvailles.

Que l'on me permette de citer celles qui m'amusent le plus : « infortunes » rimant avec « iTunes » (dans la fable « Le Serin joueur de pétanque »), « herbicide » rimant avec « Maison des Acrides » (dans la fable « Le Criquet en pèlerinage » —Acride étant ici un néologisme créé pour désigner le peuple des criquets à partir du terme acridien et allusion comique aux Atrides descendants d'Atrée dans la mythologie). Vous en trouverez une foule d'autres allusions toutes aussi instructives. Vous y savourerez une allusion à une célèbre chanson de Boris Vian (« On n'est pas là pour se faire engueuler »), vous apprendrez que « Le buis n'est pas un bois dont on fait les flûtes » (c'est vrai aujourd'hui mais ce ne l'était pas au XVIIe siècle, à l'époque de La Fontaine), vous y découvrirez la définition d'ultracrépidarien[8],

---

[8] Cela se réfère à un épisode de la vie du peintre Apelle qui répondait à un cordonnier qui critiquait l'une de ses toiles : « *sutor, ne supra crepidam* » (repartie rapportée aussi avec *ultra*

vous y découvrirez un clin d'œil à l'acte IV scène III du Cid de Pierre Corneille :

« Nous partîmes cinq cents, mais par un prompt renfort,

« Nous nous vîmes trois mille en arrivant au port. »

Les cinq-cents premiers lecteurs de ce livre en amèneront-ils deux-mille-cinq-cents autres à le découvrir ? À vous de jouer, vous qui avez *Renard & compagnie, Fables du temps présent* entre les mains.

Pierre Thiry, dimanche 7 Juin 2020

---

au lieu de *supra*) ce que Christian Robert traduit par « Rien au-dessus de la claquette. » J'invite les lycéens à consulter leurs dictionnaires latin-français à ce sujet, car un lecteur documenté en vaut deux.

I
Renard confiné.

Renard s'étant confiné
    Tout l'été
Se trouva fort dépourvu
Quand l'hiver fut revenu :
Pas un seul petit lapin
Au fond de sa huche à pain.
Il alla chercher combine
Chez Belette, sa copine.
« — Rapportez-vous, dit la belle,
A maître Minagrobis.
Il consulte à la poubelle
Qui lui sert hui de logis. »
C'était un gros chat, gras, riche,
En conseils rarement chiche,
Mais vieux, édenté, pelé.
Renard prie de lui céder
Des reliefs pour subsister :
Queue de souris, pied de laie,
Fine arête de goujon.
« — Je vous rendrai sans façon
Vos bontés fort à foison, »
Promit-il en bon garçon.
Grippeminou répondit :
« — Approchez, sire goupil,
Approchez, je n'y vois guère.
Les ans m'ont causé misère.

Tudieu, ami ! Que vous sert
Cet écouvillon fier ?
Vous n'avez point de bouteille !
Et vos terribles canines,
Oncques ne vis de pareilles,
Près de donner neuve mine.
Croyez-m'en, messer Renard
Faites-vous ôter cela,
A mon bon profit, oui-da.
Je vous donnerai du lard. »
Maître Renard, alléché,
Sa queue et ses dents céda.

Le lard fini, derechef se creusa
Son ventre, se fripa sa peau.
Sa langue pendit de nouveau.
Un parti de fourmis apprit la chose,
Voulut savoir les raisons et les causes,
Vint enfin jouer au censeur :
« — Sieur goupil, vous fûtes sot !
Apprenez que les emprunteurs
Finissent tondus aussitôt. »
Renard furieux, que la faim enragea,
N'eut point d'oreille et se vengea
Sur elles de la cruauté du chat :
D'une forte pisse, toutes il les noya.
Puis il courut ravager leur maison,
Piétinant à mort leurs enfançons.
Sa faim n'en fut pas plus guérie,
Mais sa fureur, pour un temps, si.

Tant va la marmite au feu, qu'à la fin,
Elle explose dans la main qui la tient.
Confiné, prends garde à demain,
  Con fini ne deviens !

                              10 avril 2020

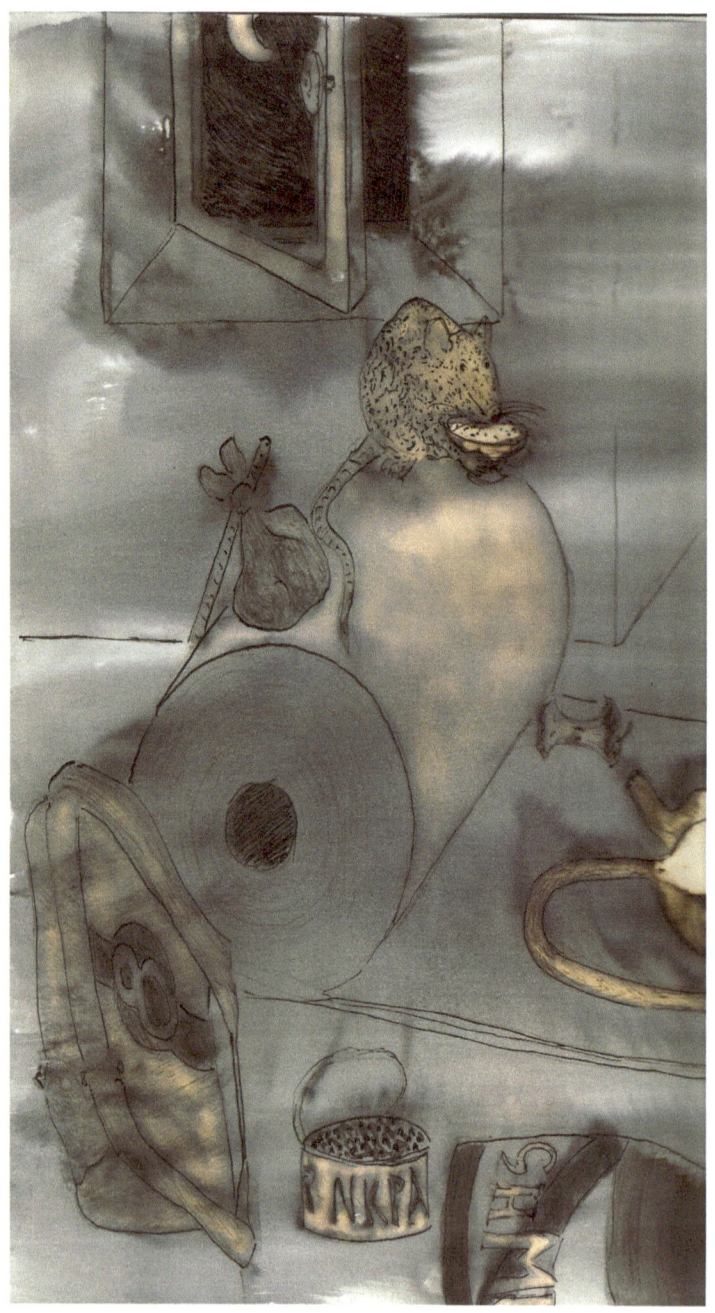

II
La Belette entrée dans une maison de retraite.

La belette ayant combattu les chats
    Avec fierté sa vie durant,
Vieillie et lasse, un beau soir de mai décida,
    De battre en retraite dans un couvent.
    A la cave, elle suit un rat des champs
    Auquel ne restait qu'une seule dent.
Je laisse à penser la vie que se promettaient
De mener céans notre belette commère
Et le Gaspard, son coquin de compère.
Elle installa ses pénates dans cet EHPAD,
Disposant sur un coffre moisi son iPad
Et sa besace où tous ses biens tenaient.
Le rat d'un autre coin de cave fit son *home*.
    On devisa tard, on croqua la pomme.
    Enfin, belette d'un sac mortuaire
      Se dressa une tente,
      A la minuit pétante,
    Une urne lui servant de lampadaire ;
D'un mètre de pécul roula un matelas ;
    Bref, changea en palais son galetas.
      Des provisions de la réserve,
Pillant déjà en rêve la conserve,
    La dame se forgeait en son sommeil
    Un agrément à nul autre pareil...
      Or la Mort rôdait, désœuvrée,
Ayant à peine fauché quelques résidents,

Les plus faibles et les moins résistants,
      Aussi infirmes qu'en âge avancés.
Or donc, la Mort, dis-je, suivie de sa cohorte,
De la cave de notre EHPAD pousse la porte.
Elle entre, saisit l'occasion, brandit sa faux.
« — Halte, stop, point ne faut !
Entre deux tueuses, montrons-nous
                  [solidaires !
Qui mieux que nous sait dépeupler la terre ?
Dit à propos la demoiselle au long museau.
Pour moi, j'extermine lapins, oiseaux,
                  [blaireaux,
Mieux que ne les tueraient la peste ou la
                  [chasse
Ou encor le virus à l'étage épandu.
Vous cherchez provende, c'est entendu.
      Prenez le rat, grand bien lui fasse.
Le coquin fait son rôt de quelques graines,
Attaquer un œuf lui prend des semaines ! »
      La raison plut et sembla bonne.
      La Mort frappe, Gaspard s'étonne
Et rejoint ses aïeux au souterrain séjour.

Ainsi, au milieu des périls du jour,
Prévaut souvent, hélas, l'intérêt solitaire,
Quand même les vers devraient être
                [solidaires...

12 avril 2020

III
Le Bœuf qui voulut devenir ballerine.

Avec belle taille, fessier comme deux monts,
      Une queue qu'eût enviée l'éléphant,
Des sabots costauds comme l'acier de
                      [Richmond,
Et des cornes dont Roland eût fait olifants,
      Un front au Caucase pareil,
        Des yeux : deux loupes à soleil ;
Un mufle dont le souffle puissant égalait
        Les trompes de Triton,
Un bœuf se trouva devant la télévision
        A lui seul un corps de ballet.
Le bouvillon voulut devenir ballerine ;
Il se sentait l'âme de danser Coppelia.
Ayant lestement revêtu sa capeline
      Vers l'école de danse il se hâta.
    Las ! aussitôt paru, on le chassa
Du conservatoire. Même on le conspua :
« — Va-t'en donc voir ailleurs, espèce
                    [d'ongulé ! »
      Entendit-il crier.
Le jeune bœuf alla purger sa déception
Aux confins de la ville, pleurant d'émotion.
        Un cirque dressait chapiteau.
Notre bœuf accourt, plein de curiosité.
      Il lit un écriteau
Noir à lettres rouges, pleines et déliées :
      « Cirque cherche écuyère,

S'adresser à la direction. Prière
D'apporter un CV. »
Le bouvillon fut engagé pour un essai,
Revêtit tutu et paillettes,
De l'occasion se faisant une fête.
Au premier tour de manège,
La trompette n'avait pas fini son arpège,
Que le cheval se déroba
Devant pareille cavalière.
Au deuxième, le bœuf son saut rata,
Finit sur les paturons, fers en l'air.
Au troisième, le cœur lui manqua.
Ouille, Ouille !
« Ecuyère est métier d'art et de courage.
Tu reviendras quand tu auras des
[couilles ! »
Hélas, le bœuf, malgré qu'il en ait, n'en a
[pas.
Accablé par l'outrage,
Pleurant de dépit et de rage,
Il faillit au Destin céder le pas.
Il pensa d'abord retourner à sa pâture.

« — Ne forçons pas notre Nature,
Dit la Raison.
— Sancho, tu n'entends rien à
[l'imagination, »
Répondit Don Quichotte.
Suivons notre passion.
Foin des voix de bigotes !

Notre bœuf se mit au régime,
Monta et descendit les cimes,
Se força à flexions et extensions,
Bref, se mit la pression.
Jogga tous les deux jours du haut de ses
[sabots,
Étudia pas, trot et galop.
Il revint. Depuis, le bœuf fait merveille.
Sa prestation est sans pareille.
Au cirque, les enfants en matinée,
L'applaudissent. Et en soirée,
Des vaches lui offrent des fleurs,
Parfois même la leur.

L'orientation de la jeunesse
N'est pas qu'affaire de sagesse ;
Pour élire une profession,
Il faut de la passion.

14 avril 2020

IV

La Lice près de mettre bas.

Une lice, tout près de mettre bas,
Ventre rebondi, mamelles pendantes,
　　Essoufflée, haletante,
Longeait un étang d'un bon pas.
Soudain, tournant la tête, que voit-elle
　　Dans l'eau à côté d'elle ?
Une autre femelle à poil, à queue, à oreilles,
　　A elle très pareille !
La crainte l'héroïne empoigne :
Alarmée, d'un bond, la lice s'éloigne
Et l'autre aussitôt s'écarte, confuse.
Enflée de la peur de l'intruse,
La lice fronce sourcils, retrousse babines,
　Se porte en avant de la concurrence,
　Entêtée de la priver de rapine.
　　　Celle-ci à son tour s'élance.
　　　La chienne aboie, et grogne.
　　　L'*alter ego* fronce sa trogne.
　　　La lice interdite, la voit,
　　　　Ne l'entend pas.
　　« — Suis-je bête, ce n'est que moi !
　　　Je n'ai point à céder le pas,
　　　S'écrie notre étourdie,
　De se voir si pleine tout ahurie.
　Je ne me reconnais donc pas !
　Çà, j'ai bien pris trois kilogrammes ;

C'est à poster sur Instagramme ! »
                    Aussitôt dit, aussitôt fait.
La chienne empoigne ores son téléphone,
                    Admire sa personne,
Veut cadrer son minois et son reflet,
                    Avance puis recule.
                    Elle fait si bien
            Que dans l'étang elle bascule,
Entraînant avec son poids tout son bien.
Il s'en fut de peu qu'elle ne pérît
            Pour l'amour d'un *selfie*.
Heureusement sauvée par une souche,
Elle revint saine mais trempée à sa couche.
            Tout de suite de neuf petits
                    Elle y accouche,
            A la surprise du mari.
« — Ces poulots ont failli naître
                                [orphelins ! »
S'exclame maître Pathelin
Sur Farcebouc, commentant les nouvelles.
Désormais faites attention, ma belle ;
Fi du plaisir que la mort peut surprendre.
Voici une leçon qu'il faut entendre :
            Vidons la mare avant
            Que de poser devant. »

Ainsi d'aucuns, assis sur leurs décombres,
Accusent, qui les proies et qui les ombres.

                                22 avril 2020

V
Le Frelon asiatique en ménage avecque la Tique.

Le frelon asiatique,
En ménage avecque la tique,
Décida de fêter leur nouvel hyménée
En faisant le tour de la Méditerranée.
Carguer les voiles, tirer les drisses,
Visiter dans le sillage d'Ulysse,
Les séjours de Circé, de Calypso,
S'enivrer de vin de Chio,
Admirer rorquals, dauphins, espadons,
(Enfin toutes espèces de poissons
Habitants du règne aqueux de Poséidon),
Suivre le chemin du jeune Tesson,
Tout aux frais de leurs invités :
Les deux époux se faisaient vraie gaîté
De cette partie de loisir.
On embarque à Gênes avec plaisir.
Au démarrage du blanc *Corona Princess,*
La foule enfiévrée sur le quai se presse,
« Trois mille âmes en route vers l'Attique,
Que c'est beau ! » crie la tique.
Prime escale, première désillusion :
On a pour voisins une bande de morpions.
Au troisième jour de navigation,
Le vaisseau croise un train de périssoires,

— Elles sont en perdition,
Ah ! quelle histoire ! —
Mues par les ailes sombres du Notos
Sur la route de l'Achéron,
Chargées de hannetons,
Bruns, la peau sur les os.
Silence sur le pont.
Les meilleures pâtes prennent goût
[d'amidon.
Il faut secourir tous ces clandestins,
Se dérouter de son chemin.
La maladie s'en mêle :
Notre Frelon souffre d'érésipèle.
Lors, sans aucun renfort,
Ils se virent cinq cents à chatouiller la mort.
« — Une panne électrique ! »
S'émeut la tique,
Tâchant de s'éclairer à la bougie.
Que bien que mal, leur navire rejoint un
[port.
Nos deux tourtereaux rentrent au logis,
Plus vifs que morts,
Mais peu s'en faut.
« — Des fables, des rêves, des aventures,
Fort peu me chaut,
Leur dit, les voyant sortir de voiture,
Une mite armée de son balai, concierge,
Quand je veux du miracle, je me paie un
[cierge ! »

24 avril 2020

VI
Le Pangolin accusé de la peste.

« – Ce n'est pas moi. Non. Je suis innocent.
    Demandez donc à la belette,
    Je le jurerai sur sa tête :
    C'est la chauve-souris
    Qui, son terrible coup commis,
    S'est enfuie en voletant ! »
Gémissait le mammifère écailleux
Au bout de la griffe du Roi des animaux,
    Entouré de nobles vassaux
    Portant blasons de leurs aïeux,
Réunis en conclave pour le juger.
Convaincu du crime d'épidémie,
Pangolin fit paraître enfants et mie,
Rien n'y fit. On désigna un bourreau
Afin de pendre Pangolin et court et haut.
Maître Aliboron était un âne, boucher
A Hue-Han, vraie célébrité de son métier.
« — Auguste sire, messeigneurs, dit l'équidé,
    Le cœur enclin à l'équité,
Par expérience, acquis à la clémence,
Du malheureux assumant la défense,
    A quoi servirait de connaître
    Si c'est de Simon, fils de Pierre,
Ou de Pierre, fils de Simon, ou de son frère,
Que la maladie sur nous tous a pu
                   [paraître ? »
    À ces mots, on cria haro sur le baudet.

Aliboron n'en rabattit point son toupet :
   « — Amis, mes amis, au secours !
         La peste court,
     Plus n'est le temps des hourvaris !
     Portons des masques de houris,
     Gardons-nous à distance,
     Arrêtons de nous entre-baiser tous,
     Surtout entraidons-nous
     En si fatales circonstances.
     Moi, j'ai trop vu périr de gens,
       Je rends mon tablier. Je ne serai l'agent
         De la Mort. Et demain,
Je n'écorcherai point le pangolin,
Je deviens marchand de légumes. »
Grande dispute entre les historiens,
On y use encor maintes plumes.
Personne ne s'accorde sur ce qu'il advint
Ensuite. Exécuta-t-on seul le pangolin ?
       Le pangolin plus l'âne ?
L'impudent baudet sans le manidé ?
Nul ne sait si tous deux purent se défiler.
Les annales de ces temps furent arrêtées,
La peste avait les plaideurs emportés.
Mieux eût valu un procès en plein air
Et du sage bourricot suivre les avis :
Tous seraient de nos jours peut-être en vie.

                         25 avril 2020

VII
Le Bouc humilitaire.

Le bouc, étant sous les drapeaux,
Revêtit son bel uniforme,
Fit l'impasse sur le chapeau
— L'animal est bicorne —
Et l'épée au côté,
Des quatre pieds bottés,
Partit pour la revue du quatorze juillet,
L'œil luisant et le poil coquet.
Chemin faisant, il rencontre la Grande
[Muette,
Autruche du génie mariée à un casoar
Pour deux bavard.
Au premier coup de trompette,
Ne se sentant plus de joie,
Nos soldats, levant haut gambettes,
Marchent au pas de l'oie.
« — Qu'est-ce que ça ? cacarde un jars,
Tout couvert de galons
De sa tête de lard
Jusqu'au croupion.
Vous ne marchez pas pour le roi de Prusse !
Et vos masques ? Où sont vos masques ?
Que sont donc ces tenues fantasques,
Quand nous faisons la guerre à
[Coronavirus ?
Vous voulez qu'on la perde,
Traîtres, vendus, putains de sacs à merde ?

Plus de perm, quatorze jours de mitard,
Je vous apprendrai la vie, mes gaillards. »
La Grande Muette aurait voulu protester :
« — On n'est pas là pour se faire engueuler,
On est venus pour procéder au défilé. »
Puisqu'elle n'avait pas l'organe, elle se tut.
    Mais le bouc put.
  Il fut envoyé *illico* en forteresse.
  Il y fortifia grassement sa paresse.
Quant au casoar, fier oiseau, plein de
         [finesse,
   Lui aussi se tut,
  Désormais, se flattant de sa sagesse,
  Il se pavane avec sa maîtresse en tutu.

« Courbant le dos dans la tempête,
Las ! de n'être pas le plus fort,
  Tu as grand tort.
  Baisse la tête.
Toi, le faible, l'humble, le misérable,
Du jars à galons, du loup, du lion abusé,
De ta lâcheté serais-tu plus
      [condamnable ? »

26 avril 2020

VIII
La lettre cachetée.

Une lettre en un tiroir, cachetée, dormait
Car que peut faire une lettre oubliée en fait ?
« Mon cher Armand, je suis désespérée,
                Folle, ulcérée,
Car on m'arrache à toi, on m'arrache à ma
                                [vie.
Malgré toi, malgré moi, mon père me marie.
Le marquis de Midouze a demandé ma main.
On signe le contrat demain,
M'a dit ma bonne Annette, à qui je me
                                [confie.
Tous les soirs, la Sainte Vierge je prie,
        Et le pape et notre curé
        Que tu sois épargné
        Et que tu viennes m'enlever.
Je ne veux m'endormir dans des draps
                                [étrangers,
Souffrir mille baisers d'une bouche abhorrée
Cependant que mon Armand gît dans la
                                [tranchée.
        Midouze a cinquante ans,
Les yeux bigleux, ni plus toutes ses dents,
Sa première femme a rôti le balai,
C'était du mariage son premier essai.
Une deuxième est morte en couches l'an
                                [dernier

Laissant le marquisat sans héritier.
« – Le vieux a de l'impatience, prétend
                    [Annette,
Il promet de vous laisser bride sur le cou, »
Et bien d'autres sornettes.
Crois-moi, cette union n'est pas de mon
                              [goût,
Mon père dit que Midouze est ma chance.
Mon futur se trouve en balance.
          «– Avec cette guerre,
     D'homme jeune on ne trouve guère
     Qui ne soit ni mort ni estropié,
     D'un membre ou de sa gueule privé. »
Dans l'étang je préfère me noyer plutôt,
          Ou dans le puits,
          Que me donner à lui.
     Je remettrai cette lettre aussitôt
Que je pourrai, mon amour, à poster. »

Soudain, dans la maison, on crie, on pleure.
D'écrire, Perrine, ce n'est plus l'heure !
Chez le ferronnier, un pli bleu est arrivé :
À l'hôpital militaire, le fils blessé,
L'Armand, vient d'être fauché par la grippe.
« –Mademoiselle, ayez donc de la tripe ! »
Car le malheur ne fait jamais cavalier seul.
Midouze est mordu à mort par son épagneul.
     Perrine finit servante chez son curé.
     L'épitre remisée, à chaque nuit,
Elle a maudit l'an mil neuf cent dix-huit.

Ce courrier, hier je l'ai trouvé
Dans une armoire de brocante,
Abandonnée en l'an soixante.
    Rien ne se perd.
J'en ai fait pour vous, lectrices[9], ces quelques
                                          [vers.

                      4 mai 2020

---

9   lectrices : car les mots « lectrices et lecteurs » ne m'auraient pas fourni l'alexandrin.

IX
Le Houx contre le Buis.

La Fontaine a peu fait parler les végétaux
Les aimait-il moins que les animaux ?
    Depuis que nous savons
    Que les arbres tout comme le violon
Ont une âme de bois,
    Leur donner parole on se doit.
Lors, réparons du fabuliste le défaut
En donnant des mots à d'autres que le
                                   [Roseau.

Un houx se piquait d'être fine lame.
Toujours devant les parterres de dames,
Le vilain drôle ne chantait qu'un même
                                  [single :
   « — A l'épée, disait-il, j'épingle
   A vingt pas une mouche. »
Rien ni personne ne résistait à sa touche.
Comme notre houx pérorait
        Ainsi au cabaret,
— Garçon, et un pichet !—,
Un buis que notre vantard agaçait
Remarqua qu'en fait de sport cette escrime
        Tenait davantage du crime.
    « — Ça va saigner, » cria le houx,
        Par l'ire rendu fou.
    Les boules sortaient de sa tête,
        Rouges, et de partout.

Le buis s'entête :
« – Une mouche est trop fine.
Pour se laisser surprendre par un tel
[faraud. »
Le houx reçoit le mot comme une épine,
S'enfle tel un crapaud,
Bout, et crache et fulmine.
— Garçon, et une tête de veau !—
Bref, la rage le mine.
L'offensé provoque en duel le paltoquet.
Le buis n'est pas du bois dont on fait les
[flûtes.
Aucunement apeuré par la brute,
Sort de sa veste un pistolet,
— Garçon, et un pichet !—
Lui envoie deux pruneaux dans la cervelle
Qui, par nez et par oreilles, se fait la belle.
Le houx, sanglant, mort, étendu,
Le buis craint-il d'être pendu ?
Nenni ! Que croyez-vous ? Au mastroquet
Il crie : — Patron, et un clairet !— »
Comme quoi donc, certain arbre,
En tout cas, sait rester de marbre.

5 mai 2020

X
Le Virus et la Virologue.

Le virus jogging faisant
Croisa une virologue :
Là est le prologue.
      Une, deux. Vlan !
Voilà la femme en blanc
      Sur le flanc.
« — Pourquoi, je mettrais des gants ?
Çà, je ne suis pas boxeur. »
Le virus est grand saigneur.

                          6 mai 2020

XI
Harry Pot-de-Terre
et Jerry Pot-de-Fer.

Harry Pot-de-Terre, fils du néolithique,
    Cuisait patiemment sa potée,
    Touillée avec sa cuillère magique,
    Poivrée, lardée, fumée, salée.
    Soudain d'un coup d'anse, d'un seul,
Jerry ouvrant la porte parut sur son seuil.
    « – Cousin, faites prompt paquetage,
    Vous et moi partons en voyage. »
    Armé d'épée, armé de pique,
    Le héros de l'âge historique,
    Bardé de fer, le cœur ardent,
Part en quête de la fée Electricité.
    Jerry est en avance sur son temps.
    A lui la gloire, à lui l'éternité !
      Harry, tenant lieu de Sancho,
      Vêtu de son poncho,
        Partit à vide,
    L'âme égale mais l'œil limpide.
A la première étape, ils feront provisions.
Or à quelques lieues de là, nos deux
              [compagnons,
    Arrêtés par une rivière,
    Courant de la montagne fière,
    Durent passer à gué.
    Harry flotte, voilà Jerry noyé.
Ainsi périt prématurément l'invention

De l'électricité, couic !
Pot-de-Terre, de retour dans son foyer,
                                    [tweete :
    « Pas d'inutiles précautions,
    Toujours très légers voyageons.
    C'est dire sans fardeau.
    Gardons-nous à carreau,
        Cueillons le trèfle,
        Ayons du cœur
        Sans pique. »

                                             6 mai 2020

XII
Maître Grillon parlant de *book*.

Maître grillon, ayant ses élytres cirés,
Lissé ses antennes et ses basques brossées,
      Ses moustaches peignées,
      Ses deux guêtres chaussées,
      Quitta lors son foyer,
S'en fut chez le photographe de son quartier.
« — Comment voulez-vous, charmante
                    [créature,
      Que je vous portraiture ? »
      Demande l'artisan,
      Une avenante sauterelle
      De passé septante ans.
      « — A la manière d'Harcourt,
C'est pour mon *book*, pour parler court. »
      Le protégé de sainte Véronique[10],
A ce vocable anglais ne comprend mique.
      « — Parfait, collez-vous ce postiche,
      Un beau modèle de barbiche,
      Et double mamelle de silicone.
      Votre ami en sera ravi.
      — Holà, sautereau, tu déconnes ?
      Je ne change pas de pubis[11],
C'est de métier qu'il s'agit.
      J'étais secrétaire en mairie,
Comme mon père, son père de même,

---
10 Sainte Véronique est patronne des photographes.
11 Prononcer « pubi » à la rime, licence que je m'octroie.

Tous mes aïeux depuis Mathusalem.
    J'ai lu Bourdieu ;
Je conchie la reproduction sociale,
    Par Dieu.
De la mairie je me fiche, et à la royale !
Je me lance dans l'art dès maintenant. »
Et du bout de sa griffe, son bristol il tend :
« J. Cantegril, figurant de cartes postales
   Comiques et sentimentales. »

En parlant bon françois,
On s'expose moins à réponse qui déçoit.

7 mai 2020

XIII
Apologue motoprovidentiel

Dans son infinie sagesse, la Providence
Un matin voulut pourvoir d'une résidence
Les anciennes autos, qui ayant pris de l'âge,
Quitteraient leurs ordinaires voies de
                              [pacage,
    Rues, routes et autoroutes, trottoirs.
    Elles viendraient, calmées, tranquilles,
    Couler leurs vieilles huiles
    Dans une manière de dépotoir
Que la Sainte Prévoyance nomma Autociel.
Fin des embarras polluants en présentiel !
    Les tacots en bandes ordonnées
S'ébranlaient, qui des boulevards, qui des
                              [allées.
    Ils s'acheminaient lentement,
    A qui mieux mieux cornant,
En direction du Paradis automoteur.
    Hélas ! Le Destin est farceur.
A l'entrée, se tenait un ange contrôleur.
Petite cylindrée ou gros rouleur,
Il fallait montrer un ticket blanc pour le Ciel,
    Disponible qu'en distanciel,
        — Ah, quel dommage !—,
    Fort cher et sur le Net.
« — C'est du propre ! » s'écrie une Delage
Devant une De Dion à deux boutons.
    Elle repart à reculons.

La De Dion perd la tête.
La file des candidates au Ciel s'empêtre.
À cor et à cri, elles réclament un prêtre
De la circulation.
En vain.
C'est donc la fin
D'une trop belle innovation.

(*Morales au choix :)*

(1. Morale élevée)
L'Enfer étant pavé de bonnes intentions,
Les ornières du Ciel lui en rendent raison.

(2. Morale terre à terre)
Les chiens aboient mais la 2CV du poète,
Elle, fait pouet-pouet.

9 mai 2020

XIV
La Mort et le Journalier.

Un journalier, n'ayant pas vu la Mort
                              [approcher,
La trouva un soir à sa table pour dîner.
« — Je ne reconnais point votre figure :
              Ni suaire, ni faux,
              Pas de crâne, ni os.
        — Ce n'est pas ma nature,
Quelques ignorants ont travesti, en peinture,
Mon aspect, mes traits, mon allure. »
        La Mort était un fort beau jeune
              Homme venu dans sa voiture,
              — Un tombereau —, de Grèce.
Il avait passé le Rhin le jour même à jeun,
              De presse
              A cueillir son client.
              Rien n'effarouche le manant :
« — Je vous remercie, monsieur, de votre
                              [largesse.
M'épargner cécité ou surdité, démence,
Douleurs et diverses tourmences,
Qui accompagnent la vieillesse :
Que soit louée votre généreuse vertu !
        Tout est prêt. J'ai les documents :
              Voici mon testament.
              A mes heures perdues,
              Avec quatre planches bien ajustées,

Je me suis bricolé
Une bière.
Je lègue mon âne à mon frère,
Mon chat à la voisine.
Ma maison revient à son propriétaire. »

Ayant lavé leurs deux assiettes en cuisine,
Le journalier pria son locataire
De bien vouloir déloger aussitôt.
« – Je veux me coucher tôt,
Comprenez que j'ai besoin de repos :
Demain boulot. »
« — Non, plus de travail pour toi, mon ami.
Le temps de la peine est fini.
Je viens te l'annoncer,
Laisse-moi t'embrasser. »
Puis la Mort souffle la bougie,
L'âme du journalier sur-le-champ est ravie.

Donc, n'en déplaise au Malheureux,
Au Bûcheron ou au Mourant de La
[Fontaine,
Soyons assez heureux
A la Mort de ne tenir pas de longs discours,
Ne veuillons pas qu'elle nous traîne.
Qu'elle nous prenne bien vite, haut et court !

10 mai 2020

XV
Le Savetier devant la pyramide du Louvre.

A Paris, un savetier venu de sa province,
—De ces gueux qui se prennent pour des
                              [princes—
Cousu d'or et connaissant la chanson,
      Pour visiter quelque salon
      De la savate et du chausson
      Tout près de la Porte Versailles,
A côté du Louvre, avait pris pension.
Le salon clos, la curiosité le travaille.
D'aventure, son pas le porte nez à nez
Avec son reflet, comme vous le devinez,
      Dans la Pyramide de verre.
« — Comment ? Ce monument n'est pas de
                              [pierre ?
      S'exclame notre savetier.
Son architecte ne connaît plus le métier.
        Et je ne vois gravées,
        Même pas esquissées,
        Ni de Ramsès II la sandale,
        –Oh, quel scandale !–
        Ni la paire de tongs[12]
        Du célèbre Toutânkhamon. »
Il critique en sus les proportions
              De l'édifice
      Aux oreilles autour complices,
      Méjugeant de tout sans façon,

---
12 Prononcer « ton », nouvelle licence poétique, pour la rime.

La somme comme le détail.
Un voisin bâille,
Un autre, architecte, interrompt la pipelette :
« — L'ami, pour que crétin point on ne vous
[appelle,
Souvenez-vous des mots du peintre Apelle :
« Rien au-dessus de la claquette,
Monsieur le savetier. »
La construction n'est pas votre métier.»

L'ultracrépidarien
Partage son avis sur tout,
Surtout
Quand il n'y connaît rien.

13 mai 2020.

XVI
Le Bal chez Prospéro.

Prospéro était le plus magnifique prince
Qu'eût nourri notre fertile Province.
Ce seigneur se piquait d'organiser
        Chaque année le bal costumé
Le plus mondain où le meilleur du monde
                          [entier
      Eût jamais dansé et ballé.
Un bal qui répand de l'honneur,
Un bal que le Prince pour son bonheur
Fonda pour réunir la fleur des terres
Au milieu de sa palatiale serre :
Le Tout Paris, membres de la *Jet Set,*
Célébrités des arts, grands de Wall Street,
People de la politique et des médias,
        Chefs, maestri, divas.
Osons le qualifier : *Cluster* des élégances,
        Raout de la finance,
Le Bal de Prospéro faisait moult envieux.
        Chaque hôte était désireux
D'y paraître sous son plus beau plumage
        Tout à son avantage.
        Cet an-là, on dut annuler...
« — Annuler le bal costumé ? Quelle
                        [horreur !
Quelle indignité ! Que de déshonneur !
        Pourquoi, Bonté divine ? »

Se plaignit la Princesse,
Et par suite la Presse.
Prospéro lui répondit, avec triste mine :
« — La Mort Rouge rôde à Bergame,
A New-York, Cadix, Wu-Han ou Paname,
Et tant d'autres lieux étrangers ;
Les petites mains s'absentent des ateliers,
Personne ne coud, personne ne pique.
Au ballet, le Mal fait la nique :
Plus de costumes, donc plus de bal costumé,
Et surtout, pour dissimuler nos frasques :
Pas de masques ! Pas de masques ! Et pas de
[masques ! »

Rien ne sert de pleurer
Après qu'on n'a point prévu de quoi se
[moucher.

13 mai 2020

XVII
Maître Jacques devenu communicant.

Lorsque la crise fut venue
Maître Jacques se sentit tout à fait perdu.
Cocher et cuisinier de l'avare Harpagon,
    Lassé de mettre en broche
    Sans bénéfice pour sa poche
Des fantômes d'agneaux, des ombres de
                        [chapons,
Maître Jacques se mit en chômage total.
Puis il fit de ses amis le tour général.
Consulté, Scapin, le plus finaud de la troupe,
Lui conseilla, afin de pallier sa détresse,
    D'intégrer un grand groupe
    Et profiter de ses largesses.
Le Jacques est reçu dans son office
    Par le directeur généralissime
    De la Compagnie Sane & fils,
Qui produit et vend des potions rarissimes
Propres à guérir tous les maux de l'Univers.
« — Quel est votre talent, mon cher ? »
Demande au postulant l'hyperapothicaire.
    « — Je sais vendre à Matthieu
    Ce que j'ai promis à Valère.
    Et faire croire à Jean, mon Dieu,
    Le tout et son contraire. »
    « — Çà, Maître Jacques, topez là !
Vous êtes engagé. Trinquons donc d'un
                        [Coca,

Avant de signer. C'est tout à fait notre
                                                 [chance
De vous avoir dans notre zone France.
Maître Coq, dès matin vous chanterez
A quiconque la chanson qu'il voudra
                                                 [entendre.
Ne craignez donc pas de vous égosiller.
Mais sur le détail, sachez ne pas vous
                                               [étendre. »
Ainsi Maître Jacques, d'emploi changea.
Le cocher cuisinier devint cochet[13].
Dans la com, désormais il excella,
Il ne manqua de rien, surtout pas de toupet.

Aux Maîtres Jacques très affables,
Comme à la chauve-souris étourdie
    De la célèbre fable
Le culot, l'audace, l'impudence sourient.

                                   14 mai 2020

---
13 Cochet : jeune coq.

XVIII
Wanda-Lise et le traçage.

Deux poissons s'aimaient d'amour tendre.
Aux yeux du monde le couple idéal.
Après trois ans, du ménage et du bocal,
    –Trop étroit à l'entendre–,
La première, se lassa la femelle.
Mariée trop tôt, elle avait peu vécu.
        Elle désirait, disait-elle
        Courir fleuve, rivière, ru,
Tâter si l'eau est douce aussi sous d'autre
                                [ciel.
Son époux, fort épris de sa poissonne,
Tremblait de voir partir la polissonne,
            Priait le Ciel,
            Tordant nageoires
            D'extrême désespoir.
Il s'inquiéta et s'enquit d'une guise
            De surveiller
            La belle Wanda-Lise,
            Sans la filer.
Un mot-dièse « à distance traçage »
Le mit sur la piste d'un logiciel
            Providentiel.
De sa chérie, il pourrait suivre le sillage.
Qui la croise, qui lui fait belle mine,
        Et qui la contamine ?
                Notre jaloux
    Connaîtrait absolument tout.

L'apprenant, Wanda-Lise,
A juste droit, se scandalise.
Aussitôt, elle boucle sa valise,
Et va se jeter dans le Pô
Sans se charger de la balise.
    Là, l'emporta le flot
        Au loin.
Maître sot ne la revit point.

On rajoute à perte un maillon
A qui de ses entraves se libère.
    Gageons qu'un papillon
    Refusera en passagère
    La mouche qui cafarde,
    Risquât-il la camarde.

16 mai 2020

XIX
Le Serin joueur de pétanque.

Avant que de lancer la tête la première
Dans une téméraire équipée d'importance,
    Mieux vaut assurer son arrière,
Pour que l'affaire conserve toute sa chance.

Un serin, un chardonneret et un verdier
Formaient une équipe d'enragés de la boule.
La triplette partait souvent de ses foyers,
    N'agréant de manquer aucune poule.
Or le Prince publia un nouvel édit :
En raison d'une épizootie,
Les concours de pétanque furent interdits,
De peur qu'elle ne répandît la maladie,
    A toute la population ailée.
Adieu pétanque, adieu coupes, adieu
                        [banquets.
D'abord, le serin revêt sa jaune livrée.
    Il mobilise son piquet,
– Certains oiseaux ont forte tête,
    Ne souffrent pas qu'on les embête, –
S'installe ensuite au carrefour de son
                        [quartier,
Harangue passants, ânes bâtés, charretiers :
    « A bas l'édit, vive la liberté ! »
On brûle de la plume, on brûle du papier,
Tant qu'à la fin, nul ne se sent en sûreté.
Voici que surgit d'un voisin bosquet,

Vêtus de noir, bottés, casqués et l'air marri,
    Un parti de sergents du guet,
    Combattants de rue aguerris.
    Ils se jettent sur le serin,
Lui lièrent les deux ailes comme des mains,
        Puis tel un canari,
    Enfin ils le mirent en cage.
Finies aubades, sérénades, à sa mie !
L'oiseau ne put que seriner sa rage :
    « — Rendez-nous la pétanque,
    Rendez-nous nos estanques,
    Relâchez-moi ou je fais un malheur,
        Pécheur ! »
Las, parmi les publiques infortunes
    Son cri se perd dans les osiers,
Les roseaux jaseurs et les vignes. Sans
                [iTunes,
Sans YouTube, seuls les rosiers,
    Oient sa marseillaise de liberté
Par la risée de l'Histoire emportée.
Ils lâchent en soutien quelque pétale.
Verdier, avec son élégant cousin, détale.

                          17 mai 2020

XX
Le Criquet en pèlerinage.

Un criquet, de la Maison des Acrides
Par nature portée à l'herbicide,
     Sur le point de devenir sage,
Perclus d'arthrose mais point encore édenté,
Décida de partir, avec sa parenté,
     Pour un lointain pèlerinage.
Il convoqua donc dans son palais de Mogol
Ban et arrière-ban de son parage
     Via Googol.
« — Sources de ma joie, rejetons de mon
                  [ménage,
Il est temps pour le salut de mon âme
Plus aussi l'engrais de mon lignage,
     Que tous, mâles et dames,
Nous faisions ensemble un pieux voyage.
Une locuste de notre cousinage
M'a peint l'Érythrée, le Royaume de Saba
Comme douces contrées. Je les veux visiter.
La reine des lieux fut reçue par Salomon,
     Dans son salon.
     Elle y a son mausolée. C'est là-bas
     Que je voudrais m'agenouiller
     Pendant que vous irez
Dans leurs grasses prairies pique-niquer.
Ces pays sont pauvres, rustiques, mal armés.
     Or le reste de l'Univers,
     La gent bipède insecticide,

Obsède Jupiter,
Le suppliant de mettre fin
À une peste nouvelle homicide.
Nous aurons champs libres pour nos
[desseins »
Au jour prévu, du Criquet la smala
Encombre les tarmacs[14]
Sans aéronefs, ailleurs immobilisés.
Vrombissant, les cælifères ailés
Décollent en masse et vont ravager
L'Afrique, apportant partout la défoliation,
— Et donc grande désolation –,
Se gardant de rien ménager.
Pour des millions d'humains : c'est la faim.

La piété n'est pas noble fin ;
Chargée d'intention criminelle :
C'est une plaie.
Considérer son infortune comme telle
À ignorer autrui, l'est aussi. Une vraie.

Jeudi 21 mai 2020,
fête de l'Ascension.

---

14 Prononcer « tarma », autre licence de mon cru.

POSTFACE À LA SECONDE ÉDITION

N'est-on pas outrecuidant, après Jean de La Fontaine, de proposer au public des fables, qui forcément seront moins neuves, moins bonnes, moins fines, enfin moins tout que celles que le fabuliste de Château-Thierry nous a laissées ? A cette question, Florian, dans l'Introduction de son propre recueil[15], fait répondre à son interlocuteur, un sage vieillard amateur de fables qui « relisoit sans cesse Lafontaine » (*sic*) : « Ne brûlez donc point vos fables et soyez sûr que Lafontaine est si divin, que beaucoup de places infiniment au-dessous de la sienne sont encore très-belles. Si vous pouvez en avoir une, je vous en ferai mon compliment. »[16] Plus de deux siècles après Florian, je m'autorise à mon tour de ce vieil amateur d'apologues à la manière de La Fontaine. Et si le lecteur trouve ne serait-ce qu'une seule fable, dans cet opuscule, assez bien troussée pour lui plaire, je m'estimerai récompensé de mon audace et assumerai sans trop rougir le ridicule d'en avoir écrit de moins réussies.

Dès leur première édition, en 1668, les fables de Jean de La Fontaine ont été accom-

---

15 Jean-Pierre Claris de Florian (1755-1794), *Fables de M. de Florian*, P. Didot l'aîné, Paris, 1792.
16 *op.cit.* p.18.

pagnées d'illustrations, dues à François Chauveau. Au fil des siècles, de grands artistes ont livré leur vision des personnages et des scènes du fabuliste : Oudry[17], Granville[18], Doré[19], Rabier[20], Chagall,[21] pour nommer les plus fameux[22]. Les illustrateurs des images Épinal ont aussi abondamment enrichi l'iconographie de l'œuvre du fabuliste. Pour ma part, je possède depuis une trentaine d'année une édition de poche datée de 1899[23], illustrée de ravissants dessins de Karl Girardet[24], gravés par Sargent[25], où je lis La Fontaine. Par tradition, la fable en effet suscite l'image. Il n'est que de voir la tapisserie de Bayeux qui date du XI ème siècle : elle représente dans ses frises le *Corbeau et le renard* et quelques autres fables tirées d'Ésope. Il allait donc de soi qu'une édition illustrée de *Renard et compagnie, Fables du temps présent* parût. Trois personnes, en sus de

---

17 Jean-Batiste Oudry (1686-1755).
18 Jean-jacques Granville, *alias* Jean Ignace Isidore Gérard (1803-847).
19 Gustave Doré (1832-1883).
20 Benjamin Rabier (1864-1939).
21 Marc Chagall (1887-1985).
22 Signalons que les dessinateurs talentueux que sont Joann Sfar et Voutch ont donné très récemment les leurs, le premier en 2018, le second en 2019.
23 *Fables de la Fontaine, Précédées de la vie d'Ésope*, Alfred Mame & fils, éditeurs, Tours, 1899.
24 Karl Girardet (1813-1871).
25 S'agit-il d'Alfred (1828-18..) ou de Louis (1830-18...), son frère ? L'édition ne le précise pas.

moi, ont accepté de participer à cette nouvelle édition comme un nouveau défi, illustrateurs de circonstance ou expérimentés, tel Martin Bafoil, illustrateur de presse qui a aussi dessiné pour la réédition de deux de nos romans et pour deux nouvelles[26]. De son côté Rodolphe Guerra a déjà réalisé les illustrations de deux autres publications[27].

Onze fables sont accompagnées d'illustrations. En ce qui concerne les autres, des pages blanches sont à la disposition de la lectrice ou du lecteur qui voudrait exercer à son tour son talent.

Pour revenir à la genèse de ce recueil, pendant la période de confinement, alors que je marchais à travers un bois et deux ou trois prés des environs de Notre-Dame-de-Gravenchon, à l'heure de promenade autorisée, une fable puis une autre ont jailli de ces moments allègres de liberté. Je dois à mon ami et complice en écriture Vincent Lissonnet le courage de pousser ce nombre jusqu'en avoir assez pour un recueil. Un autre ami, amateur de poésie, Michel Deschamps, m'a incité à en diffuser quelques unes auprès du réseau de nos amis communs. De là m'est venue l'envie de les pu-

---

26 cf. p. 2.
27 Rodolphe Guerra et Laurent Anne, *Le Sinetanque*, Chemin faisant, 2016 ; collectif, *Bretagne fantastique*, Chemin faisant, 2020.

blier en souvenir de ces jours troublés. Je les ai finalement corrigées en suivant les suggestions avisées de mon épouse, Annie. Qu'elle en soit aussi remerciée. Enfin, Pierre Philippe m'a amicalement autorisé à ajouter à ce recueil, une « fabulette » de son cru, inspirée aussitôt par la lecture de *Renard confiné* que je venais de lui envoyer ; sa fable est imprégnée du même esprit. On la trouvera en annexe.

Il y a une grande part de jeu dans cet exercice de style qui consiste à pasticher Jean de La Fontaine. On s'amusera sans doute à retrouver les fables authentiques auxquelles il est fait allusion ou emprunt. En effet, j'ai librement imité la manière et pioché des bribes de matière dans les douze livres du maître, sans pousser jusqu'au centon. Ce fut une joie de polir le vers anachronique et de faire ainsi se télescoper les époques avec une certaine distance ironique. Le jonglage avec les mots, – n'en déplaise à La Fontaine (cf. l'introduction de la fable *Le Rieur et les Poissons*, VIII, 8) –, a prévalu dans l'élaboration de ces vingt fables. Aussi, ne prendra-t-on pas pour argent comptant leurs morales, un point faible, je le concède volontiers. Elles ne prétendent pas contribuer à un système philosophique mais, attributs quasi nécessaires du genre fabuleux, participent à la création poétique.

Enfin, lectrices et lecteurs pourront s'étonner de trouver à la fin, une vingt-et-unième fable, en quelque sorte hors saison. Celle-ci a été conçue des années plus tôt. Au dernier moment, j'ai voulu l'accrocher, remaniée, au train des vingt premières. C'est que le premier livre de La Fontaine finit sur une vingt-et-unième fable, et non la moins considérable : *Le Chêne et le roseau*. Tant qu'à imiter, allons jusqu'au bout du compte.

Voici donc, en *bonus, La Bergère honnête...*

XXI
La Bergère honnête.

Il était une fois une bergère.
Il était une fois une belle bergère.
Une belle bergère honnête
    Et, ma foi, pas si bête,
Car sa vertu avait résisté à son père,
    Avait résisté à son frère,
A son curé, à son seigneur, et à son maître,
A ses galants aussi, seule dans son village.
    Elle se gardait pour le mariage.
La Bergère, après avoir fait ses bêtes paître,
Pour s'endormir, comptait sur ses moutons,
    Et sans se faire de mouron.
Un beau jour, un jongleur de cirque de
                      [passage
L'enjôla en lançant ses boules de couleurs.
Séduite, elle quitta aussitôt son village,
    Non sans douleur.
Son père, son frère, son maître étaient en rage,
Et son curé, et son seigneur, et ses galants,Et du voisinage tous les manants.
Tous, fous de désir, se mirent à la haïr.
Et même ses moutons voulurent la honnir.
Ils bêlèrent, rebêlèrent et bêleraient encore
Si, entre-temps, ils n'avaient pas fini gigots.
Quant à la bergère, couverte de faux or,
Elle suivait son jongleur. Las ! Celui-ci

—De mèche avec un malencontreux [bientôt
Féroce bravache, Mangiafuoco sans [dompteur,
Homme de fouet, de grilles, de sac et de [honneur,
Serviable compère de voyage,— [corde,
La mit en cage.
Il fit bien car tout le monde s'accorde :

La bergère honnête est oiseau[28] qui se fait
[*rare.*

14 mai 2017 − 1 juin 2020,
Jour de Pentecôte.

---

28 **Bergeronnette** n.f. (de *bergère*). Oiseau passereau insectivore d'Europe, d'Asie et d'Afrique du Nord, vivant à proximité des cours d'eau. (...) *Le Petit Larousse illustré* 2001.

Annexes

*Ayant pris connaissance de la composition
du douteux* Renard confiné ,
*A lui vite communiqué,
L'ami Pierre eut une soudaine inspiration :
Voici sa « fabulette »,
Fruit de l'insomnie,
Sombre comme la nuit,
Parlant aussi de bêtes.*

La Cigale et le Fourmi

Le fourmi ayant travaillé tout l'été
Et accumulé bien des richesses
        Et peu de largesses
Et encore moins de sagesse
Se trouva fort bien pourvu
Et néanmoins dépourvu
Quand le virus fut venu.
On l'appelait *corona virus*, il venait, dit-on,
        [du Mogol.
Le fourmi, malade, trouva refuge
    Dans le voisinage, en un hôpital.
Il n'y trouva ni chat ni rat, le menu y était
        [frugal
Point de gigot, ni de rôts, aucun rot, au
        [mieux un vermifuge.
    La cigale, son ex,
    (J'entends son ex-voisine),

Après s'être masquée, vint lui rendre visite.
La cigale est rancunière, c'est là son
[moindre défaut.
« – Que faisiez-vous cet hiver ?
Quand je vous quémandais ver,
Vermisseau ou vermicelle,
Dit-elle,
Pour prix de mes vers ? »

Du fond de son lit, d'une voix de souris
Le fourmi répondit :
« –Je bossais, je bossais pendant que vous
[chantiez..
– Vous bossiez et bien ... crevez
[maintenant ! »
Sur ce, la pécore s'en fut trainant sa
[mandoline.
Las, le fourmi ne mourait pas
Point de place en la barque de Charon, lui-
[même positif.
Le fourmi desséchait, dépérissait, tombait en
[poussière.
Quelle misère !

Moralité

Rien ne sert de pourrir
Il faut mourir à point

                            P. Philippe, 22 avril 2020

Tout est-il dit ? Non. Voici qu'au moment de mettre sous presse cette nouvelle édition. Renard de nouveau se manifeste, bouclant le recueil.

Zorro[29] démasqué

Certain coche, sous un soleil de plomb,
   Caracolait en surplomb
  Des fureurs de l'Océan Pacifique.
 Il allait, suivant une route sinueuse,
  Escorté de sa mouche domestique,
  Jusqu'à sa destination heureuse :
  Depuis San Francisco à Monterey.
    Soudain, brutal arrêt.
Dans le coche, on se presse, on se cogne, on
        [se pique.
     Ouille !
  C'était la volante patrouille
     De la santé,
  Qui faisait sentinelle au gué
   Armée de longues piques.
  Un blaireau, sergent chapeauté,
   Garcia de son identité,
  A l'allure ronde, martiale et fière,
 Montra nez et moustaches devant la
        [portière.
   Par Garcia, l'œil écarquillé,
  Chaque passager fut dévisagé,
  Suspect d'apporter à la capitale,

---
29 Zorro désigne le renard en espagnol.

La peste coronavirale.
Dieu nous préserve d'elle, *cojones* !
Le soldat voit Renard face nue. Il s'étonne :
« —Zorro, toi, démasqué,
En dépit de la loi !
Au nom du vice-roi,
Rends ton épée,
Descends, paye l'amende ou je te lace. »
Renard de La Vega chassait de race.
D'un Z, il défigura mon lourdaud,
Que son âne fidèle, Bernardo,
Talochait à coups de sabots,
Sans braire mot.
De tant de coups blessé,
Garcia mourut bientôt
A ce bord où il fut laissé,
Aux pieds de ses lanciers,
Bonshommes lents et sots.
Fouette, cocher !

Ce Renard sans masque était, je crois, de
[*ces loups*
Ou de ces hyènes
Enragées de méchantes haines,
Qui contre une remarque échangent force
[*coups,*
On en trouve en tout temps hélas ! hélas !
[*partout.*

24 août 2020

TABLE

Préface   p. 5

I. Renard confiné   p. 13

II. La Belette entrée dans une maison de retraite   p. 17

III. Le Bœuf qui voulut devenir ballerine
                                       p. 21

IV. La Lice près de mettre bas   p. 25

V. Le Frelon asiatique en ménage avecque la Tique   p. 27

VI. Le Pangolin accusé de la peste   p. 31

VII. Le Bouc humilitaire   p. 33

VIII. La lettre cachetée   p. 37

IX. Le Houx contre le Buis   p. 41

X. Le Virus et la virologue   p. 43

XI. Harry Pot-de-Terre et Jerry Pot-de-Fer
                                       p. 45

XII. Maître Grillon parlant de *book*   p. 47

XIII. Apologue motoprovidentiel   p. 51

XIV. La Mort et le journalier   p. 53

XV. Le Savetier devant la pyramide du Louvre   p. 57

XVI. Le Bal chez Prospéro   p. 59

XVII. Maître Jacques devenu communicant   p. 61

XVIII. Wanda-Lise et le traçage   p. 63

XIX. Le Serin joueur de pétanque   p. 67

XX. Le Criquet en pèlerinage   p. 69

Postface à la seconde édition   p. 73

XXI. La Bergère honnête   p. 79

Annexes : La Cigale et le Fourmi, « fabulette » de P. Philippe   p. 81

Zorro démasqué   p. 83

TABLE DES ILLUSTRATIONS

Renard confiné, V. Lissonnet			p. 12

La Belette entrée dans une maison de retraite, C. Robert		pp. 16 & 18

Le Bœuf qui voulut devenir ballerine,
V. Lissonnet			p. 20

Le Frelon asiatique en ménage avecque la Tique,
M. Bafoil			p. 28

Le Pangolin accusé de la peste,
M. Bafoil			p. 30

Le Bouc humilitaire, V. Lissonnet			p. 34

La lettre cachetée, R. Guerra			p. 38

Maître Grillon parlant de book,
R. Guerra			p. 48

La Mort et le Journalier,
M. Bafoil			p. 54

Wanda-Lise et le traçage,
C. Robert			p. 64

Le Criquet en pèlerinage,
V. Lissonnet   p. 70

INDEX ALPHABÉTIQUE

(N.B. – Le chiffre romain indique la fable*, le chiffre arabe la* page*)*

Apologue motoprovidentiel. XIII, 51
Le Bal chez Prospéro. XVI, 59
La Belette entrée en maison de retraite. II, 17
La Bergère honnête. XXI, 79
Le Bœuf qui voulut devenir ballerine III, 21
Le Bouc humilitaire. VII, 33
La Cigale et le Fourmi, P. Philippe, Annexes, 81
Le Criquet en pèlerinage. XX, 69
Le Frelon asiatique en ménage avecque la Tique. V, 27
Harry Pot-de-Terre et Jerry Pot-de-Fer. XI, 45
Le Houx contre le Buis. IX, 41
La lettre cachetée. VIII, 37
La Lice près de mettre bas. IV, 25
Maître Grillon parlant de *book*. XII, 47
Maître Jacques devenu communicant. XVII, 61
La Mort et le Journalier. XIV, 53
Le Pangolin accusé de la peste. VI, 31
Renard confiné. I, 13
Le Savetier devant la pyramide du Louvre. XV, 57

Le Serin joueur de pétanque. XIX, 67
Le Virus et la virologue. X, 43
Wanda-Lise et le traçage. XVIII, 63
Zorro démasqué. Annexes, 83

Dessins de couverture : Vincent Lissonnet, 2020
Éditeur : BoD-Books on Demand, 12/14 rond point des Champs Élysées, 75008 Paris, France
Impression : BoD-Books on Demand, Nordstedt, Allemagne
ISBN : 9782322223930
Dépôt légal :   septembre 2020